PRINCE DE VALORI

DON CARLOS

ET

LE CONSEIL DES DIX

LETTRE A UN VIEIL AMI

PARIS
1897

Tous droits réservés

DON CARLOS

ET

LE CONSEIL DES DIX

Plus respectueux des traités que l'Europe qui les a vingt fois violés, j'appartiens à l'Espagne, je ne réclame pas une double et légitime couronne.
     Don Carlos (14 septembre 1888).

Quant à moi, un contrat passé sur les champs de bataille, signé par le sang des héros, contresigné par moi et mes aïeux, me lie à jamais à ma noble et bien-aimée Espagne.
     Don Carlos (23 février 1889).

Si je sacrifie mes droits à la couronne de France, dans ma sainte passion pour l'Espagne, j'ai le droit de rappeler à mes amis français que ce sont mes aïeux qui ont voué leur pays à Dieu, à la grandeur et à la victoire.
     Don Carlos (5 octobre 1890).

PRINCE DE VALORI

DON CARLOS

ET

LE CONSEIL DES DIX

LETTRE A UN VIEIL AMI

PARIS
1897

Tous droits réservés

AVANT-PROPOS

Pour répondre à ma brochure *François de Bourbon duc d'Anjou*, Urbain et ses amis se sont réunis en *chapelle ardente*. Il paraîtrait que c'est le jour de la *Pentecôte* que cette élite chevaleresque est entrée en Chambre. L'éloquence persuasive répandue dans toute leur réponse, l'inspiration à jet continu, la dialectique de Descartes tempérée par la charité de saint Vincent de Paul, une sincérité de cristal de roche : tous ces dons réunis attestent l'intervention du Saint-Esprit, dans un beau jour de fête. D'ailleurs, si ceci n'est qu'une aimable hypothèse, ce qui est historique, c'est que ces hommes de bien ont daté leur petit chef-d'œuvre du jour de la *Fête-Dieu !*

Le Créateur a dû être flatté de cette attention de ses créatures les plus privilégiées.

Pour moi je ne sais rien de plus attendrissant que le spectacle de ces braves gens syndiquant ensemble leurs fidélités, leurs intelligences, leur instruction, pour un honnête combat. Et quel langage, quelle courtoisie ! pas un mot de haine, de jalousie, de calomnie. Pas la plus petite insinuation perfide, pas la plus petite vérité dénaturée, pas la moindre phrase tronquée, aucune pensée falsifiée, aucun texte frelaté. Le venin est absent : il n'y a que des fleurs.

Mais non seulement, il n'y a pas la moindre attaque de la part de ces gentilshommes qui se dissimulent avec la modestie du talent, mais il y a une apologie de mes actes, de ma fidélité. Ils poussent même le dévouement jusqu'à faire ressortir leur ingratitude en énumérant les services que je leur ai rendus, les éloges que je leur ai prodigués. Je leur ai dit un jour qu'ils étaient *une gerbe de pur froment*, et ils en sont justement fiers. Ils rappellent les lettres de don Carlos, lettres toutes conçues et rédigées par moi. Elles ont fait, disent-ils, trépigner l'Europe et la presse française d'admiration ! Merci, Messeigneurs. Ils rééditent mes discours. Me faisant rougir jusqu'aux oreilles, ils affirment que j'ai parlé dans « un superbe langage ». Et tout cela pour faire ressortir la reconnaissance de Sa Majesté catholique le roi Charles VII.

Mais il y a quelque chose de plus fort, comme chez Nicollet. Leur confesseur leur ayant, sans doute, fait observer que cet acte de charité et de franchise pouvait cacher un peu d'orgueil, ils n'ont pas voulu être absolument parfaits.

Ainsi ils laissaient échapper cette petite calomnie : C'est parce que don Carlos a « renoncé à mes services » que je me suis rallié au duc d'Anjou. N'est-ce pas que ceci est dit galamment ? Il n'y a qu'un malheur : c'est que si moi, malgré sa conduite à mon égard, je ne renonçais pas à servir don Carlos, à coup sûr le noble prince renonçait encore moins à mes services. Voilà ce que dix-huit mois après notre rupture don Carlos m'écrivait :

« Vienne, 21 septembre 1893.

« CHER VALORI,

Je tiens à vous remercier du sentiment qui a dicté votre lettre du 14 et à dissiper vos craintes. Le redoublement d'attaques et d'inventions fantaisistes de nos ennemis constitue une précieuse constatation des immenses progrès faits par ma cause en Espagne. Laissez-les dire. Merci, tout de même, de vos offres dont je me souviendrai en temps opportun.

« Votre affectionné,

« CARLOS. »

Voilà ce que les hommes de bien appellent « renoncer » à mes services.

Toujours, pour ne pas pécher par orgueil, ils ont imaginé que moi, l'ami fidèle de Henri V vivant et encore plus de Henri V mort, j'avais voulu mettre sa bonne foi en doute. Je regrette de signaler ce petit écart de vérité, et je leur demanderai quels sont ceux qui ont essayé de déshonorer la mémoire du comte de Chambord ? s'ils hésitaient à répondre, je leur dirais quels sont ceux qui, pour disculper certain Monsieur, calomniaient le comte de Chambord. Je n'accuse pas mes honorables contradicteurs, mais certainement ils connaissent les vrais coupables. Ils n'ont pas oublié la protestation des amis du roi défunt. Celle de Cazenove de Pradines n'a pas été la moins énergique[1].

Je me demande maintenant dans quel but sérieux ils ont écrit leur pamphlet. Ils ne répondent à rien. Ce qu'il fallait prouver, c'est l'inanité des renonciations si éclatantes, si répétées de don Carlos. Au lieu de cela ils me reprochent mes excès de loyalisme. J'aurais, malgré ses abdications, appelé don Carlos *Charles XI*. C'est inexact (je parle poliment). Mais ce serait vrai, quel crime aurais-je commis ? En 1888 ou 1889 pouvais-je deviner que le duc de Séville

[1] J'ai trois lettres du noble et regretté de Cazenove de Pradines. Si on le désire, je les publierai : l'une d'elles ferait sensation.

mourrait et que François de Bourbon réclamerait ses droits? Jusque-là, n'était-ce pas de mon devoir d'essayer de le faire revenir, si c'était possible, sur ses renonciations? Pas un de ces gentilshommes qui me couvrent de fleurs n'a pensé à le faire. Moi seul j'ai tenté un effort suprême, et ils viennent me le reprocher avec cette sincérité de cristal que j'ai déjà admirée en eux.

Voilà ce qu'on lit dans *le Gil-Blas* du vendredi 7 août 1896 :

ANJOU CONTRE ORLÉANS

« Le duc d'Anjou intente contre le duc d'Orléans une demande à fin d'interdiction de porter le blason et les armes de la branche aînée de Bourbon. Avant tout débat au fond, le duc d'Orléans réclame une caution de son adversaire, qu'il prétend étranger.

Que pense-t-on de cette affaire?

Ayant appris que le prince de Valori était à Vouvray, j'ai pris le train et l'ai trouvé écrivant un livre sur Pétrarque, dans un petit cottage des bords de la Loire. Reçu avec sa courtoisie accoutumée, j'ai interrogé le prince : voici sa réponse ; je la transcris *littéralement*, en y joignant les documents importants dont il a bien voulu me donner copie.

« Je suis l'éditeur du procès des fleurs de lys. Dès 1888, désolé des abdications de don Carlos qui allaient devenir périodiques, j'imaginai le moyen de le faire revenir sur des paroles imprudentes. Et cela d'autant plus que je voyais avec douleur l'Espagne lui échapper. Racine a dit sublimement :

On ne voit pas deux fois le rivage des morts!

« De 1888 à 1892, je n'entendis plus parler de rien. En 1892, don Carlos me fit écrire qu'il « tenait beaucoup à me voir ». Toujours dévoué, j'accourus.

« L'auguste prince était dans un état indicible d'exaspération contre les Orléans. Il y avait de quoi : les Cobourg, qui sont une contrefaçon allemande des Orléans, avaient laissé placer don Carlos comme un paria dans leur almanach de Gotha. Si donc Carlos est mieux placé aujourd'hui, c'est à moi qu'il le doit, à la protestation que je lui ai suggérée et dictée.

« La question des fleurs de lys fut remise sur le tapis. Don Carlos me fit l'honneur de me charger de la rédaction. Je saisis la balle au bond, j'insérai dans ma lettre adressée au comte de Paris ceci :

« *Puisque vous prenez les Fleurs-de-lys de Henri V pourquoi ne prenez-vous pas son drapeau blanc ?* »

« Avec une pareille parole prononcée en 1892,

don Carlos aurait pu essayer, en 1894, de renier ses renonciations dont l'une est un effroyable serment « *signé par le sang des héros, contresigné par ses aïeux* ».

« Don Carlos dont la noblesse de cœur monte souvent au cerveau accepta. Malgré le génie de l'ignorance et de la suffisance qui combattit un mois mon projet: je l'emportai, et quittai Venise avec la parole de don Carlos de se conformer à ma rédaction. Et la preuve, c'est la copie de la main du roi Charles VII, signée et datée par lui que je reçus à Paris le 26 mai 1892.

« Avant de la publier, un mot d'explication. Don Carlos, prince né à Trieste, élevé absolument à l'autrichienne, n'en parle pas moins admirablement l'espagnol qu'il écrit beaucoup mieux — toute l'Espagne le sait — que son secrétaire. Il parle très bien aussi le Français, mais l'écrit moins bien. Le petit-fils de Louis XIV ne peut se formaliser de mon opinion, car il écrit encore mieux que le grand roi.

« Son secrétaire, du moins jusqu'en 1892, parlait le français, mais en l'écrivant arrivait tout juste à se faire comprendre. Aussi toutes les lettres publiées dans *le Figaro*, pendant plusieurs années, deux exceptées, ont été rédigées par moi sous la responsabilité absolue de don Carlos et surtout celle du secrétaire espagnol qui, connaissant ses pensées secrètes, vivant à ses pieds, payé pour le servir loyalement, avait mission des bons conseils.

« Non seulement j'envoyais mes projets de lettre, mais encore dans les cas graves comme celui des fleurs de lys, don Carlos m'envoyait le brouillon de sa main, pour être assuré que son secrétaire ne lui laisserait pas écrire du français trop hispanisé.

« Don Carlos avait raison. On va le voir par la lettre suivante. Je la publie : car elle est tellement peu confidentielle qu'elle devait paraître dans *le Figaro*. Dans tous les cas, en présence de certaines attaques, j'ai le droit de prouver que ma loyauté vigilante n'a pas été en défaut une seule fois[1].

« Cher Cousin,

« Plusieurs de mes amis m'avaient fait observer que V. A. R. prenait dans ses armoiries les armes pleines des Bourbons. Le fait me parut invraisemblable. Des documents publics m'en prouvent l'exactitude. V. A. R. se sera trompée.

---

[1] Il n'y a plus rien de confidentiel, quand il s'agit de défendre son honneur. Le grand Charette l'a prouvé. Pas une lettre confidentielle n'a été publiée par moi ; mais il ne faudrait pas que les calomniateurs se fient à un excès de loyauté : le droit et la justice avec moi, ils finiraient par me forcer à parler.

« La France a embruntée (*sic*) les fleurs de lys, ainsi que le drapeau blanc, aux aînés de notre famille, aux descendants de Hugues Capet, se succédant de mâle en mâle par ordre de primogéniture.

« C'est en vertu de cette loi et selon les règles du blason que moi seul, aîné des Bourbons, chef de nom et d'armes de la race de Hugues Capet, de saint Louis et de Louis XIV, et par moi, mon fils et mon frère, nous avons le droit de porter sur l'écusson royal *d'azur à trois fleurs de lys d'or sans brisure.*

« Les fleurs de lys placées au milieu des armes de l'Espagne à laquelle j'appartiens sont aujourd'hui le symbole des droits de notre famille que j'ai réservées (*sic*) pour les Bourbons comme pour les Orléans.

« Donc, mon Cousin, sur quelque terrain où (*sic*) vous vous placiez, vous ne pouvez porter les fleurs de lys d'or sans brisure.

« *Car si vous prenez les fleurs de lys d'or d'Henri V, pourquoi ne prenez-vous pas son drapeau?*

« En priant Dieu qu'il vous ait en sa sainte garde, je suis de V. A. R. l'affectionné cousin,

« CARLOS.

« Venise, 23 mai 1892. »

« Pour des raisons que l'on comprend, je télégraphiai à Venise de ne pas envoyer cette lettre. Je m'en repens; car on profita de ce retard pour enlever la phrase sacramentelle : une faute de linguistique vaut mieux qu'une faute politique.

« Voici la lettre publiée dans *le Figaro*, il sera facile de comparer :

« CHER COUSIN,

« Plusieurs de mes amis m'avaient fait observer que Votre Altesse Royale prenait dans ses armoiries les armes pleines des Bourbons. Le fait me paraît invraisemblable. Des documents publics m'en prouvent l'exactitude. Votre Altesse Royale se sera trompée.

« La France a emprunté les fleurs de lys aux aînés de notre famille, aux descendants de Hugues Capet, se succédant de mâle en mâle, par ordre de primogéniture.

« C'est en vertu de cette loi, et selon les règles du blason, que moi seul, aîné des Bourbons, chef de nom et d'armes de la race de Hugues Capet, de saint Louis et de Louis XIV, et par moi encore mon fils et mon frère, nous avons le droit de porter sur l'écusson royal, d'azur, à trois fleurs de lys d'or, sans brisure.

« Les fleurs de lys, placées au milieu des armes de l'Espagne, sont aujourd'hui le symbole des droits de notre famille, que j'ai réservés pour les Bourbons comme pour les Orléans.

« Donc, mon Cousin, sur quelque terrain que vous vous placiez, vous ne pouvez porter les fleurs de lys sans brisure.

« En priant Dieu qu'il vous ait en sa sainte garde, je suis votre affectionné cousin.

« CARLOS.

« Venise, le 23 mai 1892. »

« On me demandera pourquoi le roi Charles VII n'a pas assigné M. le comte de Paris. C'est probablement que, portant les armes d'Espagne sur lesquelles — je l'ai su depuis — les fleurs de lys font fonction de brisure, il n'avait pas qualité héraldique pour poursuivre.

« Le duc d'Anjou ayant proclamé ses droits à la couronne de France, droits qui, s'ils n'existaient pas, auraient trouvé pour adversaires ses aînés François d'Assise et Alphonse XIII, je lui ai conseillé d'imiter don Carlos.

« M. le duc d'Orléans a été assigné. Le duc archi-millionnaire oppose à son cousin une exception extraordinaire : il demande une caution !

« Il faut avoir bien peur de perdre un procès pour descendre à de pareils moyens. On a mal conseillé le jeune prince : le comte de Paris l'aurait désavoué.

« Dans le duel effroyable qui dure depuis cent vingt ans, celui des Bourbons et des Orléans, ces derniers ont eu l'avantage ; mais Dieu est là, il se promène incognito jusqu'à l'heure de sa foudroyante apparition. »

Vous avouerez, mes doux Seigneurs, que pas un de vous qui poursuivez don Carlos un drapeau blanc à la main et qui, par vos manœuvres que, cette fois, le Saint-Esprit n'a pas inspirées, compromettez son avenir en Espagne, vous avouerez que pas un de vous n'a eu cette idée des fleurs de lys.

Et ici l'occasion se présente d'elle-même, de détruire la légende d'un malentendu politique que j'aurais eu avec don Carlos. La chute du *Ministère Valori* en aurait été la conséquence. Ma rupture avec don Carlos n'a d'autre cause que l'épouvante de M. Melgar en apprenant que j'avais écrit à don Carlos : « Vous devriez faire apprendre le français à Melgar et l'envoyer faire des discours à ma place. » Il a cru que je voulais le renverser. Tenant, comme il s'en est vanté, don Carlos entre ses mains, il a usé de son influence pour faire déclarer à don Carlos qu'il n'aurait plus de représentant en France.

Voici la lettre de M. Melgar :

« Venise, 10 juillet 1892.

« Monsieur le Prince,

« Le roi m'apprend que vous lui écriviez que je ne savais pas le français, c'est au commencement qu'il fallait me le dire. Pendant mon séjour à Londres j'ai oublié mon français. Mais vous si longtemps au service du roi comment ne savez-vous pas l'espagnol? Et moi qui passe le temps à vous défendre pour les accusations d'ennemis. Dorénavant quand le roi m'ordonnera de vous écrire, je le ferai en espagnol. Votre indigne admirateur, Melgar. »

En effet, sans cela, de quoi don Carlos aurait-il eu à se plaindre. Le 24 mai, deux mois avant la rupture, le roi Charles VII m'écrivait:

« Depuis douze ans, vous n'avez cessé de me rendre des services soit par votre parole, soit par votre plume, soit comme mon représentant en France, depuis plus de trente ans, vous n'avez cessé de rendre des services à ma famille, services qui appartiennent à l'histoire de la fidélité contemporaine. »

En juillet, je traitais la question des fleurs de lys,

et don Carlos m'en remerciait dans une lettre autographe.

Le 16 juillet, je prononçais un discours où, malgré mes convictions, pour lui obéir, je ne faisais aucune opposition à Léon XIII. Ce discours était une apothéose de don Carlos et la presse fut unanime à le proclamer. Trois jours après, comme preuve de gratitude, don Carlos déclarait qu'il n'aurait plus de représentant en France.

Voici la lettre qu'il m'adressait :

Elle administre un nouveau démenti à ces nobles masques qui prétendent que don Carlos avait « renoncé à mes services ».

« Venise, 20 juillet 1892.

« Mon cher Valori,

« J'ai résolu de ne pas avoir, pendant les circonstances actuelles, un représentant en France. Quand j'aurais besoin de faire arriver ma voix au noble et chevaleresque pays, berceau bien-aimé de ma famille, je le ferais indistinctement à vous ou à quelqu'un de mes amis qui partagera avec vous l'honneur de demeurer fidèle à la bonne cause. Je ne veux pas que vous cessiez dans votre charge sans emporter l'assurance du souvenir de reconnaissance que je garde de vos services. Je tiens à vous rendre témoignage du zèle, de la bonne volonté et du dévouement déployé par vous, durant cette période, etc.

« CARLOS. »

L'opinion publique a prononcé entre le roi Charles VII et moi. J'ai été moins sévère qu'elle, et j'ai continué à servir le prince qui récompensait ainsi les *douze ans* de services, dont il avait acclamé la fidélité le 22 mai 1892, deux mois avant, et le jour même où il écrivait cette dernière lettre.

Allons donc, mes doux Seigneurs masqués et illuminés par le Saint-Esprit : à qui ferez-vous croire que celui qui, fidèle au droit traditionnel, se met au service d'un prince pauvre qui n'a ni les palais, ni les châteaux, ni les millions de don Carlos, agit par intérêt ? Vous aurez beau fonder une compagnie anonyme d'un nouveau genre, qu'on appellerait *Assurances sur les droits de don Carlos au trône de France ;* vous risqueriez de faire faillite.

Pourquoi vous en prenez-vous toujours à moi ? Est-ce que le comte Maurice d'Andigné, le créateur, le fondateur, le chef des Blancs d'Espagne, n'a pas déclaré en 1893, un an avant l'avènement du roi

François III, que, s'il s'était retiré de la lutte, c'était surtout :

PARCE QU'IL N'Y AVAIT PAS DE PRÉTENDANT

Je me résume :

J'ai publié une seule brochure depuis 1892 : *François de Bourbon, duc d'Anjou*. Dans cette brochure je n'ai pas dit un mot qui puisse blesser les *Blancs d'Espagne*, pas un mot qui puisse affaiblir les droits de don Carlos à la couronne d'Espagne. Eux-mêmes dans leur pamphlet se vantent des compliments que je n'ai cessé de leur adresser.

Ils répondent par des insinuations et dénaturent ma pensée et son expression ! L'opinion publique prononcera.

Je sais qu'il n'est pas agréable pour eux de pontifier dans le vide, de poursuivre avec un panache blanc et un faux viscère de Louis XVII un noble prince qui veut bien respirer l'encens, mais qui renie l'encensoir pour ne pas compromettre à tout jamais ses droits à la couronne d'Espagne.

Est-ce ma faute ? N'ai-je pas fait des prodiges, n'ai-je pas lutté pied à pied pour leur donner un Charles XI ?

Et, puisque don Carlos ne pouvait être leur roi,

puisqu'ils demandaient à cor et à cri un prétendant, puisque c'est surtout faute de ce prétendant que leur chef, le comte Maurice d'Andigné, a déclaré s'être retiré, pourquoi, lorsque l'héritier salique de Henri V se présente, ne pas l'accepter comme un sauveur.

Le parti légitimiste, qui depuis près de cent ans n'a pas manqué une faute, avait une occasion unique de tout réparer.

Il fallait que don Carlos donnât l'ordre à ses amis de se serrer autour de François de Bourbon. Il se serait servi de sa légitimité française pour battre la royauté Alphonsiste. Le duc d'Anjou aurait quitté l'armée espagnole. Né en France, il y serait revenu.

Les atouts qu'on avait, atouts que j'avais fournis, on les a laissés tomber dans les mains des adversaires.

Si pour moi don Carlos est le roi légitime d'Espagne, pour la Reine-Régente d'Espagne c'est son fils ; et s'imagine-t-on que le gouvernement espagnol aura été assez naïf pour ne pas ramasser des armes abandonnées et ne pas essayer à écraser le parti de don Carlos par la légitimité française.

Assurément il ne peut y avoir de pacte conclu, de contrat passé entre un gouvernement ami de la République française et le duc d'Anjou, mais personne n'avait le pouvoir de lui enlever ses droits et de l'empêcher de les proclamer tant qu'il respecte les lois françaises et espagnoles.

Ai-je été infidèle à don Carlos, quand j'ai mis comme condition à mon dévouement au duc d'Anjou, qu'il en référerait d'abord au roi Charles VII et à toute sa famille ; quand je me suis isolé de tout, aussi loin de l'Escurial que du palais Loredan, seul dans mon honneur et ma pauvreté ?

Mais, si j'ai été fidèle malgré l'ingratitude la plus noire, j'ai rempli mon devoir de l'autre côté.

En allant chercher un prince pauvre comme moi et n'ayant pas la couronne de France à lui porter dans mon bagage, j'ai été d'accord avec son affection pour la Régente et son fils, lorsque je lui ai dit : de marcher toujours d'accord avec eux.

J'en appelle à tous les honnêtes gens. Ai-je agi comme un chrétien, comme un honnête homme ?

On voudrait insinuer que j'ai voulu me venger de don Carlos. Mais est-ce que j'ai empoisonné le duc de Séville pour que son frère devienne l'aîné ?

Maintenant croire que je suis un saint, et qu'après avoir rempli un devoir de légitimité et de galant homme je ne me sens pas rire parfois intérieurement ; c'est différent.

Apercevoir ses adversaires battus avec leurs propres armes, cela est toujours intéressant.

Au surplus sont-ils bien assurés que don Carlos

confonde leur dévouement avec la politique qu'ils suivent ?

Don Alfonso traite si cavalièrement les Blancs d'Espagne que je me demande si le roi Charles VII, tout en admirant une constance que le néant lui-même ne peut décourager, ne pense pas un peu comme son frère.

En 1894 — ce n'est pas bien vieux — un mois après le manifeste du duc d'Anjou, don Alfonso, son camarade de gloire en Catalogne, lui écrivit :

« Très cher Cousin François[1],

« A la mort du comte de Chambord, la trahison des ex-légitimistes fut cause que l'aîné des Bourbons n'avait aucune raison de prétendre à la couronne de France.

« *Nous n'avons pas vingt partisans*, nous devons donc rester tranquilles, jusqu'à ce qu'un fort parti national nous appelle.

. . . .

« *Tu dois penser comme nous, puisque tu es dans la même situation que nous, étant de notre famille royale d'Espagne.*

« Ton cousin très chéri,
« Alfonso. »

[1] Si on le désire, nous publierons la lettre de don Alphonso *in extenso*.

Urbain, cher Urbain, excellent Urbain, qui appelez le duc d'Anjou petit-neveu de Henry V, oncle de Alphonse XIII, cousin issu de germain de don Carlos, « Monsieur Castelvi, » qui a raison de vous ou de S. A. R. le frère de don Carlos?

A nous deux maintenant, cher Urbain !

Vouvray, août 1896, jour de la Saint-Nicodème.

PRINCE DE VALORI.

DON CARLOS

ET

LE CONSEIL DES DIX

RÉPONSE A UN VIEIL AMI[1]

Cher Maillé,

Vous et votre Comité, vous publiez une brochure où vous prétendez me réfuter par moi-même et où, je le regrette, vous errez dans le dédale inextricable de vos contradictions et d'assertions qui font tort à la sincérité de cristal de leurs très honorables auteurs.

Ceux qui liront, cher Urbain, cette mystérieuse signature :

Le Comité Central légitimiste,
Par son ordre :
Benenot des Haussois,

verront avec plaisir qu'on ne s'ennuie pas chez Mme Joséphine[2] au Comité de la rue de Grenelle, et qu'après avoir récité le *Veni Creator* comme d'Andigné le récitait de

---

[1] Voir, à l'Appendice, les assertions de M. Melgar, secrétaire de don Carlos.
[2] Une vieille et très honorable libraire chez laquelle les Blancs d'Espagne tiennent leurs réunions.

mon temps, on est d'humeur joyeuse. Se masquer, revêtir un domino vénitien et se constituer en comité secret, sur le modèle du *Conseil des Dix* : c'est une trouvaille. C'est honorer à la fois Don Carlos, Venise et Nicolas Machiavel.

Il n'y a qu'un malheur, c'est que je n'accepte pas ce mode facile d'abriter sa personnalité sous la signature d'un tiers. Il n'est pas un homme d'honneur qui ne m'approuve lorsque je vous déclare, cher Urbain, que je ne connais que vous.

Je félicite l'honorable signataire de son obéissance aux ordres du Comité ; mais j'ai l'honneur de lui dire que je ne le connais pas, que je ne veux pas le connaître et que je n'aurai jamais aucun rapport avec lui.

Si un incident avait surgi au sujet de la brochure du Comité, si un propos qui m'eût déplu s'y trouvait, je me serais adressé à vous, mon cher Maillé.

A mon âge, après les preuves que j'ai faites et un nombre de duels au-dessus de la moyenne, dont les trois derniers avec des hommes ayant vingt ans de moins que moi, en principe, je ne veux plus me battre. Mais, si je faisais une exception, je me réserve le droit de choisir mes adversaires et mon nom ne servirait pas de tremplin à des besogneux d'honneur ou d'argent. Cette déclaration ne vise absolument personne ; mais, cher Urbain, c'est une règle de conduite dont je ne me départirai pas.

Cher Urbain, abordons le débat :

I

En commençant, je fais savoir que je ne reconnais pour mes discours que le texte publié par *le Figaro* ou *le Matin*: ce texte, communiqué au préalable à don Carlos, vérifié par moi, est le seul que l'on puisse invoquer. Je prouverai dans un article, à mon retour à Paris, que *le Journal de Paris* modifiait à sa guise les discours prononcés à l'*Hôtel Continental* et à Auray.

Voyons, cher Urbain, votre sincérité de cristal n'est-elle pas légèrement ébréchée, lorsque avec une désinvolture aimable on me fait dire le contraire de ce qui est imprimé.

Sur la couverture de la brochure on me fait dire : *le roi de France s'appelle Charles XI*. Or, il suffit de lire la page 11 du factum pour voir qu'on dénature mes paroles. J'établis par un dilemme irréfutable les droits incontestables de don Carlos aux deux couronnes ; mais, contrairement aux instructions formelles que j'apportais avec moi, et dont mon discours qu'il faut lire en entier, dans *le Figaro*, est la preuve, je ne pouvais donner au roi Charles VII un titre auquel il renonçait formellement quinze jours avant.

Mais en admettant que selon mon cœur, que selon le vif désir que j'ai eu de voir le roi Charles VII arborer le drapeau blanc — ce qui a été prouvé par $A + B$, — pouvais-je, en *1888*, prévoir que le duc de Séville mourrait en *1891*? Je considérerais don Carlos comme roi de France : cela pourrait-il empêcher le duc d'Anjou de penser autrement et de se servir des déclarations de don Carlos rendues publiques par son ordre imprudent ? Son secrétaire qui connaissait mieux que moi les secrètes aspirations de son maître, ne devait pas lui laisser signer de pareils actes. Je ne les ai rédigés qu'en croyant à la sincérité absolue des paroles royales, sincérité dont je ne douterai que lorsque l'auguste prince aura parlé lui-même à haute voix.

II

On oppose à ma brochure *François de Bourbon, duc d'Anjou*, un article publié dans *la Libre Parole* du 4 juin 1896. Ma brochure a paru dans *la Nouvelle Revue* en mars 1895, elle est restée chez l'imprimeur après quelques modifications jusqu'à la fin de mai 1896! Comment aurai-je pu connaître le livre de M. de Dreux-Brézé?

Je ne souffrirai pas que, même avec les meilleures intentions du monde, on puisse toucher à la mémoire du comte de Chambord. Le comte de Chambord, fidèle à son honneur, n'a pas reconnu les Orléans; mais un moment, croyant sauver la France, il était sur le point de le faire. Au moment du danger suprême que courait le haut renom de son inviolable loyauté, il s'est réfugié dans les plis du drapeau blanc et tout *fut perdu sauf l'honneur*; deux mois après et non pas *dix ans* comme on me le fait dire aimablement.

Mais admettre que de retour en France, s'il était venu en 1873, il aurait proclamé don Juan de Bourbon, dauphin de France, au nez et à la barbe d'une chambre orléaniste qui le rappelait : c'est absolument prendre ses lecteurs pour des enfants et faire jouer au plus noble des rois proscrits un rôle indigne de lui, rôle de duplicité et de mauvaise foi.

S'il était revenu en 1873, rappelé par une chambre orléaniste, la loyauté la plus vulgaire lui commandait de choisir pour dauphin M. le comte de Paris.

Ce choix aurait été une trahison d'un autre genre; Henri V n'a pas voulu la commettre.

A ce sujet qu'il me soit permis de faire observer aux très honorables auteurs de leur opuscule, qu'ils confondent la *lettre* de la déclaration du comte de Paris avec l'*esprit* qui l'a dictée. Je suis persuadé que la condition de prendre leur rang dans la famille leur a été imposée; mais cette condition était dérisoire, elle n'était pas suffisante. Une fois Henri V couronné, les princes auraient pu dire: « Notre rang est de suite après vous; car Philippe V a renoncé. »

Tout ceci a été mené en dépit du bon sens, aussi bien à droite qu'à gauche.

C'est en présence de don Juan, de don Carlos et de tous les Bourbons que l'entrevue du 5 août aurait dû avoir lieu, avec un procès-verbal signé par tous les princes.

Dans mon article de *la Libre Parole*, j'ai fait observer que si, pour le comte de Chambord, le comte de Paris avait été le dauphin, il est certain, qu'au lit de mort, il aurait au moins prononcé son nom. La loyauté me force à avouer que l'auguste mourant a gardé le même silence à l'égard de don Juan et de don Carlos.

Un mot de Henri V, bien clair, bien net en 1883, comme un mot de don Carlos, hautement et noblement exprimé en 1894, auraient mieux valu que toutes ces polémiques qui font rire la galerie sans même l'amuser.

Comme il importe, cher Urbain, de bien faire ressortir la sincérité de cristal du *Conseil des Dix*, je mets en présence le passage *sincère* de sa brochure et le texte de la mienne :

Factum du Comité (page 25)	*François de Bourbon* (page 27)
X Dans une autre partie de sa brochure, M. de Valori trouve nécessaire, on ne voit guère pour quelle raison, de s'attaquer à Henri V, et il ose dire, sans pouvoir le prouver d'ailleurs, que, en 1873, l'entrevue du 5 août avait été la reconnaissance du comte de Paris, que cette reconnaissance était une manœuvre politique au moyen de laquelle Henri V espérait monter sur le trône de ses aïeux en trompant les Orléanistes, et que, la manœuvre n'ayant pas réussi, dix ans plus tard, au moment de sa mort, Henri V serait revenu sur sa parole.	Cette pensée inconsciente d'une politique antisalique ne fit que passer dans son esprit ; mais elle y passa. Si le comte de Chambord, n'avait pas reconnu, *un instant*, comme ses héritiers les princes d'Orléans, il aurait commis la plus insigne des trahisons. Car la chambre qui voulait le rappeler était orléaniste, le leader du parti orléaniste était M. le duc de Broglie. S'imagine-t-on les Orléanistes, et leurs princes à leur tête, faisant campagne pour que don Carlos devienne dauphin de France ? Le nuage d'ambition, qui n'était chez le comte de Chambord que le sentiment respectable de vouloir sauver la France, se dissipa au moment suprême[1]. *Henri V ne voulut mentir ni à sa conscience, ni à sa race, ni à son drapeau.*

III

Ai-je dit aussi que la *loi des Partidas* était la loi fondamentale d'Espagne, et que je reniais le Carlisme : que mes lecteurs m'écoutent :

« La loi salique de 1713 est fondamentale. La constitution de 1789 n'aurait pas eu force de loi. En effet, les Cortès n'étaient pas générales, et la loi n'ayant pas été

---

[1] Comme le simple bon sens l'indique, le mot *suprême* s'applique à la résolution de 1873, comme je l'ai dit plus haut. Avec la *sincérité de cristal* que l'on sait, on veut me faire dire qu'il s'applique *dix ans plus tard*, à quoi ? A rien, puisque Henri V au lit de mort n'a rien dit.

sanctionnée, ni promulguée, la loi n'est pas fondamentale et elle n'existe pas. » (*François de Bourbon*, page 41.)

Et ensuite :

« Je croyais et je crois encore que les sages lois établies par Philippe V évitaient des changements trop fréquents qui ont bouleversé l'Espagne. » (*Idem*, page 41.)

J'ai dit, je le maintiens, que le comte de Chambord ne croyait au carlisme que depuis son mariage. Les hommes à la sincérité de cristal m'opposent une lettre écrite quarante ans après son mariage. Le 17 janvier 1850, au palais Cavalli, le soir en présence du duc de Levis, de Mᵐᵉ de Levis, de Chabannes, de Podenas et, le plus joli, lorsque don Juan, père de don Carlos, et l'infante Béatrix s'y trouvaient aussi, Mᵐᵉ la duchesse d'Angoulême dit à mon père : « M. de Valori, je ne suis pas aussi enragée carliste que ma nièce ; je trouve cela bien compliqué » (*Mémoires*, 1830-1851). D'ailleurs Henri V a secondé don Carlos d'une manière bien modérée. Il n'avait qu'à dire un mot, et Charette aurait amené ses zouaves à don Carlos : il n'a pas voulu le faire.

IV

Les Dix affirment aussi que j'ai dit : que *don Carlos n'était pas carliste.*

On est, on le voit, de plus en plus gai au *Conseil des Dix !* Voilà mon texte :

— « Il y a mieux encore : le chef du carlisme lui-même y croit-il ? S'il y croyait, continuerait-il ce jeu de bascule franco-espagnol avec lequel il a usé et fatigué ses amis?

Ma conviction profonde, fondée sur les derniers événements, est que l'auguste chef de la Maison de Bourbon croit politiquement à peu de choses. Trois actes établissent mon opinion sur d'inébranlables fondements : l'acte par lequel il a offert de reconnaître le comte de Paris comme roi de France, si lui, comte de Paris, le reconnaissait comme roi d'Espagne ; l'acte par lequel il a approuvé par sa présence le mariage de la petite-fille du duc de Berry avec le petit-fils de Louis-Philippe ; l'acte négatif qui répond par le silence à la noble question de François de Bourbon. Je ne voudrais pas offenser le noble prince. L'accuser d'incrédulité politique est peut-être un peu trop fort. Substituons le mot *indifférence* à celui d'*incrédulité* et nous demeurons respectueusement dans le vrai. » (*François de Bourbon*, page 42.)

Ce qu'on ne pourra contester : c'est que le père du duc Robert de Parme a reçu de la reine Isabelle la dignité d'Infant d'Espagne, c'est que le duc actuel porte la *Toison d'or* donnée également par Isabelle. C'est que, à la nouvelle de la défection du duc de Parme, les deux oncles de don Carlos ont renvoyé leur épée de colonel au duc, et que l'admirable grand'mère du roi Charles VII a renoncé à la pension qui la faisait vivre. C'est ce que je rappelai à don Carlos en mars 1873, en le suppliant de ne pas assister au mariage de la petite-fille du duc de Berry avec le petit-fils de Louis-Philippe.

Et le grand-duc de Toscane, et la grande-duchesse : reconnaissent-ils leur beau-frère ?

Si Robert de Parme et le comte de Bardi ont suivi don Carlos en Navarre, ils ont accompli cet acte en sportmen, comme François de Bourbon pour combattre l'étranger.

V

Ils veulent absolument, mon cher Urbain, que j'aie représenté le *roi de France*, lorsque, les renonciations à part, rien que par le fait de s'être déclaré roi d'Espagne et d'avoir eu un ambassadeur espagnol à Paris — le comte d'Algarra, — don Carlos ne pouvait plus prétendre à la couronne de France.

J'ai succédé à d'Algarra : chacun le sait, et vous mieux que tout autre, mon bon Maillé. Vous savez fort bien, et, à mon retour à Paris, je publierai une lettre de vous, que le général de Cathelineau fit tout au monde pour se faire nommer *représentant français* et que don Carlos refusa.

Avec la courtoisie exquise qui caractérise le *Conseil des Dix*, on prétend que je n'ai été *admis* à présider les banquets, que comme *représentant français* de don Carlos. J'ai représenté Charles VII, personne n'en doute, et vous encore moins, Urbain, cher Urbain ; mais je n'ai pas été *admis*, j'ai été instamment prié d'accepter la présidence. Je produirai une lettre du comte Maurice d'Andigné, très courtoise et très significative.

Cher Urbain, comme ils sont aimables vos collègues ! faut-il qu'ils soient contents de moi, pour être si gentils !

VI

Arrivons à l'incident *don Carlos — Bellomayre.*

M. de Bellomayre a gardé le silence dans l'intérêt de don Carlos, et nous dans celui de M. le comte de Paris. Il est indéniable que M. de Bellomayre a été moins coupable que je ne le croyais, lorsqu'il a donné au roi Charles VII le mauvais conseil d'écrire la lettre à Nocédal.

Connaissant le caractère de don Carlos porté aux indécisions, prévoyant qu'il se déjugerait périodiquement, il croyait qu'il valait mieux en finir tout de suite et ne pas continuer une campagne franco-espagnole qui devait aboutir à des renonciations, d'abord, puis à des regrets déplorables. La lettre de don Carlos sur le *centenaire de Clovis* les a enregistrés.

J'ai connu le fait de la proposition de don Carlos au comte de Paris, la première fois, par un ami de don Carlos, qui aujourd'hui se dérobe avec une platitude honteuse. Depuis, le roi de Naples, qui le tenait du comte de Paris, l'a affirmé. Je n'ai pas voulu faire parler les morts, mais forcer, pour la gloire de don Carlos, M. de Bellomayre à parler. Il se tait ! Le public, qui est le juge, appréciera.

Une nouvelle preuve accablante : n'est-ce pas, mon cher comte, la mission qu'on vous a confiée à Versailles ? Est-ce que Henri V, à la mort de Louis-Philippe, a envoyé M. de Fitz-James ou M. de Pastoret à Londres ? Un télégramme, un mot, soit; mais tant de salamalecks, quand on a épuisé la coupe des outrages envers ceux qu'on envoie saluer, c'est une avance manifeste : personne ne peut s'y méprendre.

C'est à M. de Bellomayre que don Carlos doit les douze années que je lui ai consacrées. Charles VII était avec lui, lorsqu'il courait après moi, dans tout Paris, et qu'il a fini de me trouver devant Dentu, pour me supplier de le défendre dans l'affaire du *Collier de la Toison d'or*. Ni M. de Bellomayre ni aucun autre ne voulaient donner leur signature pour justifier don Carlos. Avec la folie de dévouement des Valori, j'ai accepté. Don Carlos et moi, nous allâmes trouver M. Magnard. L'éminent et regretté directeur du *Figaro* m'ouvrit ses colonnes. Mon article parut et je fus bombardé et injurié par les deux presses italienne et espagnole.

Pourquoi MM. de Bellomayre et surtout Gabriel de Saint-Victor, ami intime des princes, refusaient-ils donc de signer un plaidoyer en faveur de don Carlos ? Et, s'ils ne refusaient pas, pourquoi venir me trouver, moi qui ne connaissais pas don Carlos?

Je ne veux pas offenser le noble prince mal conseillé, mais si j'ai défendu sa réputation contre des accusations que M. de Bellomayre m'a assuré être calomnieuses, j'ai le devoir de protéger la mienne contre les manœuvres de son secrétaire.

VII

Maintenant, cher Urbain, je dois m'occuper d'une petite excursion que vous avez faite dans ma vie privée. Votre *Conseil des Dix* prétend que je me suis fait donner le titre d'*Excellence*. C'est précisément le contraire, j'ai prié Monseigneur de ne pas me le donner et il a daigné m'accorder ma demande. On sait qu'en Italie et en Espagne on qualifie d'*Excellence* les gens titrés et même d'autres personnes. J'ai prié également le chef auguste de la Maison de France de ne pas me qualifier habituellement de *cousin*, titre auquel mes alliances me donnent un droit indiscutable.

A mon tour, cher Urbain, par réciprocité, une petite indiscrétion.

Vous avez demandé et reçu, dit-on, des décorations du pape ; on assure même une Grand'Croix. Causons peu, cher ami, mais causons *bien*.

Pardonnez-moi ma curiosité : à quel titre?

On ne peut mériter une décoration du Saint-Siège, surtout une Grand'Croix, que pour trois motifs : ou des services militaires, ou des services littéraires et politiques, ou pour la naissance.

— Étiez-vous à Castelfidardo ou à Mentana ?

— Avez-vous écrit un livre ou publié des articles pour la défense du Saint-Siège ?

Non, n'est-ce pas ? Et je ne vous le reproche pas. Vos aïeux signaient avec le poing, et les miens avec l'orteil.

Reste la naissance. Assurément vous appartenez à une illustre et ancienne famille ; mais vous êtes le cadet. Si le pape voulait honorer votre très noble famille, c'est à ce brave Hardouin, que j'ai tant connu à Saumur quand il était sous-officier piqueur de manège, qu'il devait s'adresser. Vous avez donné trois sous-officiers à la France, et j'avoue, qu'à Jalesnes, les portraits en pied des sous-officiers de Maillé en face du maréchal, que vous avez donné à la France, ne manquaient pas de galbe, comme on dit dans la langue dégénérée du jour ; mais, enfin, vous êtes le *cadet* de la branche aînée. Comme les Orléans, avez-vous donc dépouillé le brave Hardouin de ses droits sacrés à ce grand cordon ?

Je vous vois venir, mon cher comte, vous allez me taxer de jalousie. Mais je n'ai pas demandé la plus petite croix au pape. Croyez-vous qu'après quarante ans de combats avec la plume, et aussi avec l'épée, car j'ai été le compagnon d'armes de Christen, après avoir été honoré de plusieurs brefs dont l'un (*Pièces justificatives*), sous sa forme très rare d'une lettre, est un des titres les plus flatteurs que le pape ait jamais accordés ; croyez-vous que, si j'avais voulu, je n'aurais pas obtenu ce que j'aurais demandé ?

Supposez, cher Urbain, que vous vous trouviez face à face avec le duc de Broglie de l'Académie française, premier ministre, orateur, écrivain ; supposez que vous portiez, ce jour-là, tous les deux le même cordon.

Et encore Léon XIII ayant conseillé aux catholiques français de se rallier à la République, et aux catholiques espagnols de reconnaître Alphonse XIII, comment vous, ambassadeur de don Carlos, avez-vous pu accepter les ordres pontificaux? Mais peut-être Léon XIII a-t-il profité de cette occasion pour reconnaître don Carlos? Dans ce cas on ne saurait trop souligner l'importance de ce fait, et je souscris pour que nous vous offrions tous: Blancs d'Espagne et Blancs d'Anjou, une superbe édition des œuvres de Machiavel.

Une seule croix était mon ambition : celle de mon pays. Je n'ai pas eu la gloire de pouvoir la conquérir.

Vous savez, cher Urbain, que, six mois encore après la guerre, une pluie de croix et de médailles militaires tombait sur la France. On dit même que c'est à cette pluie que le pays a dû, cette année-là, une si merveilleuse récolte. J'ai fait la campagne dans l'état-major du général baron d'Arémar. Lorsque la paix fut signée, j'appris que j'étais proposé pour la Légion d'honneur ; j'allai trouver le colonel Rampon, le plus noble, le plus chevaleresque des hommes.

« Cher comte, lui dis-je, nous n'avons rien fait pendant la campagne, nous avons commandé des soldats mal vêtus, mal armés, mal nourris : l'extrême bonté du général qui place nos souffrances à la hauteur des exploits, veut nous décorer ; ne pensez-vous pas, comme moi, qu'il vaut mieux modestement nous retirer? » Rampon m'embrassa et il alla chez le général lui exposer la situation.

Je n'ai pas voulu que mes trois neveux : l'un, Taldo de Valori, décoré à dix-sept ans, au Mont-Valérien, les deux autres, le marquis de Saint-Paul et le contre-amiral marquis de Baussel, décorés également pour faits de guerre, pussent rire de moi.

La belle lettre de mon général me suffit. (*Pièces justificatives.* VI).

M. Melgar prétend que je ne vous ai pas proposé pour me remplacer. A l'appendice vous pouvez juger de la loyauté de ce Monsieur. Mais j'ai invoqué le témoignage de la marquise d'Anglade. Elle a reçu copie de ma lettre à ce Monsieur et, grande dame et femme de cœur comme elle l'est, elle ne l'a pas nié.

Il est certain qu'en mon absence et celle du comte Maurice d'Andigné qui s'est retiré, beaucoup plus par écœurement que par obéissance au Pape, vous deveniez l'héritier présomptif, le dauphin de notre incomparable situation.

Comme dévouement matériel votre famille rend des points à toutes les autres, — la mienne peut-être exceptée. — Vous avez prêté à don Carlos une somme importante, comme nous à d'autres Bourbons. Vous avez reçu dans ce pauvre Jalesnes don Carlos avec magnificence pendant quinze jours. L'auguste prince a voulu prouver que si vous, en grands seigneurs, ne gardiez pas le *Mémoire* de son passage, il en gardait lui la mémoire. Aussi tout Jalesnes a été inondé de croix espagnoles : depuis le très noble et très regretté châtelain le marquis votre père, le meilleur et le plus honorable des hommes, un vrai gentilhomme comme tous les Maillé, jusqu'à votre piqueur et votre maître d'hôtel. La tradition raconte même qu'un chevreuil nommé *Agathocle*, qu'on chassait en vain depuis dix ans, et qui s'était laissé prendre par courtoisie, fut décoré.

VIII

On m'accuse d'avoir reconnu la légitimité du duc d'Anjou par rancune. Mais n'est-ce pas plutôt chez ceux qui m'accusent que se trouve la rancune : rancune de mes écrits, rancune de voir mes discours insérés dans les journaux. N'est-ce pas pour cela qu'ils se sont coalisés contre moi avec M. Melgar ? Ah ! ça, est-ce que je les ai empêchés d'écrire, de parler, de publier leurs chefs-d'œuvre ? Est-ce ma faute si M. Magnard refusait à mes instances d'insérer leurs discours, même ceux d'Andigné, les seuls qui contenaient des passages éloquents.

« Au *Figaro*, disait-il, il nous faut du français et de la modération : qualifier les princes d'Orléans des noms de bâtards et de Chiappini, dites-leur que ce n'est pas parlementaire. »

A qui fera-t-on croire que *le Figaro* qui est un journal conservateur, mais aussi une entreprise commerciale, aurait hésité entre moi et la riche clientèle de mes amis d'alors, s'il avait reconnu à leurs paroles la valeur qu'ils s'attribuaient à eux-mêmes. Il fallait que la marée fût bien basse pour que l'illustre journal ne lui ait pas confié ses bateaux.

En effet il fallait qu'elle ne soit pas haute pour qu'il ne soit pas venu à l'esprit des hommes honorables qui me contredisent cette simple pensée :

— « Comment de 1888 à 1892, le prince de Valori pouvait-il prévoir que le duc de Séville mourrait en 1894 et que, avec l'assentiment de la Reine Régente, de François d'Assise qui auraient passé avant lui, d'après le traité d'Utrecht, François de Bourbon se déclarerait roi légitime de France. »

Je ne nomme personne et je suis assuré que ceux que je soupçonne n'appartiennent pas au Comité; mais parmi ceux si acharnés contre moi n'y en a-t-il pas qui n'aient demandé de transmettre à don Carlos leurs besoins d'argent? Je ne l'ai pas fait, sachant que le roi Charles VII m'avait fait écrire : « Qu'il ne donnerait pas même vingt francs en dehors de l'Espagne. »

Mais vous, cher Urbain, n'auriez-vous pas depuis la chute du *Ministère Valori,* rôdé comme un loup charmant, autour de la situation que vous n'auriez cessé de convoiter et que vous auriez mis deux ans à obtenir. J'avais continué à servir don Carlos comme d'habitude. Dans le Midi j'avais prononcé un discours; je prévins mon ami le comte Maurice de Junquières que, pour affirmer la constance de ma fidélité, je ferais célébrer une messe à la Madeleine le jour de la Saint-Charles. Très innocemment Junquières vous communiqua la nouvelle : qu'avez-vous fait? De suite vous avez écrit à Venise et vous m'avez apporté une lettre grossière de M. Melgar. De quel droit, mon cher Maillé, à quel titre vous permettiez-vous de faire la police à mon sujet? étiez-vous représentant de don Carlos? Vous vous êtes excusé, prétendant que vous aviez tous juré de tout raconter au prince. Tudieu ! M. le préfet de police est distancé par le roi Charles VII. M. Lépine ne se fierait pas aussi bien à ses subordonnés de la rue de Jérusalem.

En septembre 1893 n'avez-vous pas, par l'entremise de Joseph Laurentie, annoncé dans *le Figaro* que vous étiez le représentant de don Carlos ? Vous avez déclaré que c'était par erreur que vous vous étiez rendu chez M. Magnard pour que cette nouvelle fût démentie. M. Magnard m'a affirmé que personne ne vous avait vu au *Figaro* et, d'autre part, Joseph Laurentie a maintenu que c'était lui, et non vous, qui s'était rendu rue Drouot pour réparer son erreur : qui, cher Urbain, s'est trompé?

Je vous dis cela parce que l'on dit que, malgré votre modestie de violette, votre candeur et votre loyauté que je ne veux pas rendre responsable de quelques petites défaillances de votre mémoire, vous auriez tout essayé pour vous faire nommer à ma place. La peur bleue que vous aviez de me voir présider de nouveau le conseil des ministres du roi Charles VII était bien chimérique ; car il est et sera établi d'une façon lumineuse que don Carlos a essayé noblement de me faire revenir à lui.

Mais mieux que cela, n'avez-vous pas remis à un de mes amis une lettre ouverte, qui n'avait jamais été cachetée et contenant les plus étranges assertions contre moi? En voici la preuve : je ne nomme personne, vous laissant à vous et à vos amis la responsabilité d'arracher les masques.

PROCÈS-VERBAL

« Nous, soussignés, déclarons qu'une lettre de .... remise par le comte Urbain de Maillé à M. le comte de .... et contenant des accusations outrageantes de .... à l'adresse du prince de Valori était ouverte, qu'elle n'a jamais été cachetée, que par conséquent pendant trois jours elle a été à la discrétion de M. de Maillé.

« En foi de quoi nous avons signé la présente attestation.

« Prince Joseph Pignatelli d'Aragon,
« Vicomte Adrien Maggiolo. »

Paris, 19 juin 1891.

De quel droit, cher ami, vous chargiez-vous d'une mission injurieuse pour moi ?

C'est vous qui agissez ainsi, mon bon Urbain, vous qui êtes pieux comme un ange et qui un jour, très tard, serez canonisé, j'en suis convaincu.

Vous avez opéré un miracle bien supérieur à ceux de votre aimable cousine, la bienheureuse Jeanne de Maillé. Reconnaître pour roi de France un noble prince qui a tellement pratiqué le jeu des abdications, qu'on dirait qu'il s'y est abonné, est un miracle de premier ordre.

Un jour, apercevant sur ma cheminée un chapelet, vous m'avez dit : « N.-S.J.-C. a pardonné à ses bourreaux, oubliez donc vos ressentiments. » Avez-vous donc oublié que Notre-Seigneur a donné quelques autres exemples ? Je suis certain que vous les suivez.

Je vous sais un parfait galant homme ; mais la passion politique vous aveugle et je suis sûr que, si don Carlos vous donnait l'ordre d'arrêter M. Félix Faure, vous n'iriez pas par quatre chemins: le faubourg Saint-Honoré vous suffirait.

Et sans accuser le *Conseil des Dix*, puisque le coupable ne lui appartient pas, n'est-ce pas un blanc d'Espagne qui a commis l'acte ignominieux de surprendre, par une lettre anonyme, la bonne foi du vicomte d'Abzac. Le vicomte, noblement et spontanément, en vrai gentilhomme, a reconnu ses torts dans la lettre suivante, écrasante pour le dit blanc d'Espagne et M. Melgar, son complice.

AU PRINCE DE VALORI

« Monsieur,

« Je viens de lire votre discours au banquet légitimiste de Chusclan, et je ne puis me garder d'une réelle et sincère admiration pour la fidélité dont vous faites preuve au roi vaincu, qui récemment passait sur vous la mauvaise humeur de sa défaite. Aussi bien l'occasion m'est belle pour regretter d'avoir reproduit à la légère les potins de courtisans qui, même en exil, ne vous pardonnent pas d'être resté l'ami de Charles VII. J'espère que vous voudrez bien oublier les paradoxes irrévérencieux qui ne furent ici même qu'un peu de copie, et agréer l'hommage spontané que je suis heureux de rendre aujourd'hui à la dignité de votre caractère et au loyalisme de votre conduite.

« Marzac[1]. »

Gil-Blas du 29 septembre 1892.

---

[1] Pseudonyme du vicomte d'Abzac.

X

Le *Conseil des Dix* est assez bon pour me signifier que je n'ai pas le pouvoir « de faire et de défaire les rois ». Cet aphorisme, emprunté avec à-propos aux mémoires de Jacques de Chabanes, sire de la Palice, prouve une fois de plus que le Comité qui se réunit chez Mlle Joséphine connaît son histoire.

Mais, cher comte Urbain, ce ne sont pas les fidèles qui défont les rois, ce sont eux qui, malheureusement, se défont eux-mêmes. L'auguste et malheureux prince dont je ne confonds pas les actes avec les agissements du capo di casa qu'il a laissé s'incruster au Loredan, l'auguste prince, dis-je, a renoncé si souvent, son père, son oncle, son grand-père ont tellement abusé de cet exercice littéraire, qu'ils ont substitué la politique des *renonciamentos* à celle des *pronunciamentos*.

Oui, j'ai déclaré, en septembre 1894, que si le roi Charles VII disait : « Je suis Charles XI », je me retirerais du combat. Mais le duc d'Anjou qui, en pleine possession de son droit le 30 juillet 1894, n'avait accordé un délai à son auguste parent que par excès de courtoisie et d'abnégation, a eu le droit de me dire : « Je n'accepte pas votre déclaration : retirez-vous, si bon vous semble, mais moi je reste. »

XI

Je ne laisserai pas passer une des contre-vérités du pamphlet :

Le comte Ferdinand de la Roche a parfaitement dit au prince Henri de Lucinge que don Carlos avait rendu visite à Naündorf. Aujourd'hui, soit par oubli ou tout autre motif, il prétend que ce n'est pas don Carlos, mais don Alphonse, son père, et Maria de Las Nieves qui se sont rendus chez Naündorf : on avouera que c'est bonnet blanc ou blanc bonnet.

XII

Le *Conseil des Dix* reconnaît que j'ai combattu les Orléans avec politesse et élégance et ils s'écrient en se contredisant :

« Si c'est là de la courtoisie, les Orléans ne sont pas difficiles. »

Mais, hommes de bien, penseurs profonds, quoique masqués, avec la meilleure volonté du monde, je ne puis pas qualifier la mort de Louis XVI, d'action méritoire, ni la révolution de juillet, d'acquisition honnête du trône de France. Entre cela et vomir tous les outrages, toutes les abjections sur des princes qui, selon N.-S. J.-C., cher Urbain, sont innocents des fautes de leurs pères, il y a un abîme.

Avant Jésus-Christ, cher Urbain, vos vertus auraient rejailli jusqu'à la quatrième génération qui sera issue de vous. Depuis la Rédemption, aimable Urbain, il faudra que vos petits-enfants soient dignes de vous : ce ne sera pas facile.

Remarquez, cher Urbain, que je ne m'appuie que sur une hypothèse et parce que vous êtes entré le premier sur les domaines de la vie privée, qui doivent être sacrés pour un homme de cœur comme vous. Vous avez donc oublié les beaux jours de notre jeunesse. Comment, vous dites à tout le monde avec attendrissement : « Valori m'a vu naître ! » et vous faites campagne contre moi. Je ne vous ai pas vu naître, cher Urbain, et j'avoue que j'ai été privé d'un aussi beau spectacle! Mais il y a quarante ans que je vous ai connu à Saumur. Vous étiez un beau petit garçon. Votre sainte mère, qui était la providence du pays, a bien voulu m'inviter à célébrer à Jalesnes l'anniversaire de votre douzième année. Certes, cher ami, cela ne nous rajeunit pas tous les deux. Je suis votre aîné, cher ami, malheureusement cela ne fait pas de vous un baby.

XIII

Enfin, pour terminer *in cauda renenum*, on me demande « si je suis sûr d'avoir suivi la ligne droite comme représentant de don Carlos. »

Avouez que c'est édifiant.

Demandez, Messieurs, à l'Église Romaine, aux lettres de Henri V, de la duchesse de Parme, du roi de Naples, de la duchesse de Berry, du duc de Modène, demandez au grand-duc de Toscane actuellement vivant, demandez-leur l'histoire des quarante ans de mon inviolable fidélité au droit et au malheur.

En vous syndiquant tous, pour collectionner vos services, comme vous vous êtes cotisés pour me calomnier et dénaturer mes écrits, vous n'arriveriez pas à la centième partie des œuvres et du dévouement de ma vie. Au point de vue du droit, de la morale, de l'orthodoxie, je n'ai pas un mot à retrancher de mes écrits comme de mes actes politiques.

APPENDICE

LA VÉRITÉ ET M. MELGAR

Mes lecteurs ont pu déjà s'apercevoir que ma rupture avec don Carlos n'avait rien de politique, que don Carlos qui a besoin d'un secrétaire qui, selon l'expression du duc d'Anjou, lui a rendu des « services exceptionnels », a pris parti pour lui.

Pour que les contre-vérités de M. Melgar puissent éclater même aux yeux des plus aveugles, un résumé de la situation est ici nécessaire.

Don Carlos avait voulu que je fasse insérer dans les journaux, en 1892, une lettre où il déclarait qu'il n'aurait plus de représentants en France, qu'il s'adresserait indistinctement à moi comme à tous ses amis. Je refusai, et à cette occasion le regretté M. Magnard, du *Figaro*, lui fit observer que la publication de cette lettre, après tant de services rendus, ne lui ferait pas honneur.

Alors don Carlos chargea M. du Bourg de se rendre à Paris, de me voir et de me déclarer que, si je ne m'entendais pas avec M. du Bourg, pour publier une note, ce dernier avait en main une lettre de don Carlos, avec ordre de la rendre publique. J'étais à *Aix-les-Bains*. Sans me prévenir, sans m'écrire, violant les instructions de don

Carlos pour faire plaisir à M. Melgar, du Bourg fit paraître la lettre. Don Carlos y disait : « qu'il n'aurait plus de représentants en France. » Pour colorer cette action du Bourg m'écrivit : « C'est après avoir consulté vos amis politiques que je publie la lettre. »

MM. de Maillé, Junquières, Laurentie, Cibeins, de Caze, Bellevue, etc., me dirent que du Bourg ne les avait pas consultés[1].

En présence de cet acte, je priai le vicomte Maggiolo et le prince Pignatelli d'Aragon, de demander raison à M. du Bourg. Il répondit en partant pour l'Algérie.

Le procès-verbal de carence parut dans *le Matin* du 2 novembre 1892 (Voir : *Pièces justificatives* III).

Ceci posé, à la suite d'une conversation qui eut lieu en décembre 1892 entre don Carlos et le baron Nicolas de Vay, dans laquelle spontanément don Carlos parla de moi en termes élogieux, j'écrivis au roi Charles VII à peu près ceci, je dis à peu près, car, en villégiature, je n'ai pas ici mes portefeuilles.

« Le baron de Vay m'écrit que vous n'avez pas oublié les services que je vous ai rendus, et je suis sensible à votre souvenir ».

Ne recevant pas de réponse, je priai en février 1893, à Paris, le comte de Chardonet qui partait pour Viarregio de demander à don Carlos, si réellement il avait parlé de moi avec éloges et amitié à Vay, lui disant : « Si Valory m'écrit sur un autre ton, je lui répondrai. »

M. de Chardonet, qui n'a jamais été chargé de faire des excuses à don Carlos de ma part, m'écrivit de Viarregio : « Monseigneur me charge de vous dire que, à part quelque variante dans le texte, le baron Vay vous a transmis le sens exact de la conversation qu'il a eue avec lui ; seule-

---

[1] Il est vrai qu'à Monte-Carlo Melgar déclara que, en-dessous, Maillé avait écrit que du Bourg avait bien fait.

ment il me semble qu'un mot de regret manque dans la lettre adressée au roi. »

J'écrivis de suite à don Carlos : « que je lui aurais déjà adressé mes regrets pour la vivacité de certaines de mes lettres si M. Melgar ne m'en avait pas empêché par des expressions malheureuses ; qu'il n'y avait que les enfants qui demandaient pardon, et non pas ceux qui n'avaient rien à se reprocher, sinon l'expression un peu violente de leur indignation. »

Je ne garantis pas le texte, mais sur l'honneur, le sens. Voici la réponse de don Carlos.

On verra si le Monsieur nommé Melgar était chargé, en décembre 1893, de venir m'offrir le pardon de don Carlos.

« Viarregio, le 21 février 1893.

« Mon cher Valori,

« J'ai reçu votre lettre du 11 ; sous le coup douloureux de la mort encore récente de ma femme, je n'y répondrai que brièvement.

« J'accepte les paroles de regret que votre loyauté vous inspire et ne veux me souvenir dans ces tristes circonstances que de vos anciens et dévoués services.

« Votre affectionné,

« Carlos. »

Quelques mois après, je recevais une nouvelle lettre déjà citée de don Carlos. Je dois la replacer sous les yeux de mes lecteurs :

« Cher Valori,

« Je tiens à vous remercier du sentiment qui a dicté votre lettre du 14 et à dissiper vos craintes. Le redoublement d'attaques et d'inventions fantaisistes de nos ennemis constitue une précieuse constatation des immenses progrès faits par ma cause en Espagne.

« Laissez-les dire.

« Merci tout de même de vos offres dont je me souviendrai en temps opportun.

« Votre affectionné,

« CARLOS. »

Et c'est après ces preuves écrasantes, quand don Carlos n'avait plus depuis dix mois à demander des excuses ; c'est lorsque (M. Melgar l'avoue) je ne l'ai pas prié de venir à Monte-Carlo, que j'aurais cru disqualifier ma plume, depuis novembre 1892, en lui écrivant, que ce personnage écrit ceci, et Maillé, sans contrôle, l'insère :

« Je n'étais pas envoyé en *négociateur*, mais pour dire textuellement à Valori que le roi mettait comme condition à son *pardon* que Valori fasse des excuses à M. du Bourg. »

On croit rêver. Ainsi sur les prières pressantes du baron de Vay, M. Melgar a fait cent lieues pour me dire cela !

Mais je devais à mes lecteurs une preuve éclatante de sa loyauté !...

Quant au baron Nicolas de Vay, je l'autorise à publier la lettre recommandée que je lui ai adressée de Nice le

17 février 1894 et le procès-verbal que je lui ai remis devant témoin huit jours après l'entrevue de Monte-Carlo. Mais M. Vay se ferait le complice de Melgar; qu'est-ce que cela prouverait? pourrait-il détruire les deux lettres de don Carlos qui prouvent que Melgar n'a pas dit la vérité?

La conclusion est celle-ci : je jure devant Dieu que, à Monte-Carlo, où j'avais bien voulu recevoir M. Melgar, croyant qu'à genoux il allait me demander pardon, je jure que je lui ai dit :

— « *Le roi me demanderait instamment de le représenter de nouveau que je refuserais.* »

M. Melgar[1] — moi, je ne mens pas — ne m'a pas offert de la part du roi de reprendre mon poste; mais les insinuations étaient claires. C'est sur mon abstention qu'il a imaginé ce roman si bête d'une ambassade pour que je fasse des excuses à M. du Bourg dont la conduite avait été livrée à l'opinion publique par le procès-verbal du 2 novembre 1892 publiée dans *le Matin*.

[1] Mon respect et le reste d'affection que je porte à don Carlos sont tels que j'hésite encore à publier le procès-verbal qui le concerne avec la sentence du comte de Féry d'Esclands et les pièces justificatives. Pour la dernière fois je préviens M. Melgar. La première fois qu'il se mêlera de mes affaires, je publierai le dossier. Si M. Melgar n'est pas content, il y a des juges à Paris, à Venise et à Madrid. Il se trouvera un honnête homme pour dire à don Carlos que sa gloire, l'intérêt de sa dynastie valent mieux que M. Melgar.

PIÈCES JUSTIFICATIVES

I

RÉPUBLIQUE FRANÇAISE

EXTRAIT DES REGISTRES DE L'ÉTAT CIVIL

Année 1853, reg. 629.

Du trente et unième jour du mois de mars l'an mil huit cent cinquante-trois, à trois heures du soir: Acte de naissance de François-Marie-Trinité-Henri-Gabriel-Michel Raphaël-Edme-Bonaventure de Bourbon, né le 20 du courant, à 5 heures du soir, rue Cafarelli, n° 7, fils de S. A. R. l'Infant d'Espagne don Henri-Marie-Ferdinand de Bourbon, duc de Séville, et de Hélène-Marie de l'Assomption de Castelvi y Shelly Fernandez de Cordova, duchesse de Séville, mariés, domiciliés en Espagne, présentement à Toulouse. L'enfant a été reconnu du sexe masculin, suivant le certificat du docteur Gopis, à ce délégué.

Pour extrait conforme :
Au Capitole de Toulouse, 11 juillet 1896.

Le Maire,

Signé : GUIXGONET, *adjoint.*

Vu au Consulat d'Espagne, 13 juillet 1896.

ENRIQUE DE VEDIA.

II

INSIGNE BASILIQUE DE SAINT-SERNIN
DIOCÈSE DE TOULOUSE

L'an mil huit cent cinquante-trois et le 21 avril, à deux heures du soir, a été baptisé par nous, curé soussigné, le prince François-Marie-Trinité-Henri-Gabriel-Raphaël-Edme-Bonaventure, né sur notre paroisse, allée Louis-Napoléon, rue Cafarelli, n° 1, le vingt-neuf mars à cinq heures du soir, du légitime mariage de Son Altesse Royale Monseigneur l'Infant d'Espagne don Henri-Marie-Ferdinand de Bourbon, duc de Séville, et de Madame Hélène-Marie de l'Assomption de Castelvi Schelly Fernandez de Cordova, duchesse de Séville, mariés en face de l'Église.

Le parrain a été son Altesse Royale Monseigneur l'Infant d'Espagne don François de Paule-Antoine-Marie de Bourbon, grand-père de l'enfant, demeurant à Madrid, représenté par Louis-Hélène-Oscar d'Ast, baron de Novelé, demeurant à Toulouse, rue Cafarelli, 1.

La marraine a été Son Altesse Royale l'Infante d'Espagne Marie-Christine-Isabelle de Bourbon, tante paternelle de l'Infant, représentée par Françoise de Castelvi Fernandez de Cordova, baronne de Novelé, demeurant à Toulouse, rue Cafarelli, 1, etc.

Pour copie conforme :
Toulouse, le 12 juillet 1896.

Signé : ALIBERT,
Vicaire de Saint-Sernin.

Vu à l'Archevêché pour la légalisation de Alibert :
Toulouse, 12 juillet 1856.

J. RAYNAUD,
Secrétaire, chanoine honoraire.

Vu par la légation d'Espagne, 13 juillet 1896.
Signé : ENRIQUE DE VEDIA.

C'est ce fils d'Infant, petit-fils, petit-neveu et oncle de rois, marié à la petite-fille des rois d'Aragon, aux Medina Cœli qui, à chaque couronnement, réclament leurs droits incontestables à la couronne de Castille, que M. Urbain de Maillé appelle : Monsieur Castelvi. Pour se donner un semblant d'excuses, cet homme d'État aimable qui représente don Carlos invoque *l'Almanach de Gotha*. Or, *l'Almanach de Gotha* a relégué don Carlos vingt ans en dehors de la famille royale d'Espagne et reconnaît pour roi de France le *duc d'Orléans*. On voit que l'homme d'État, ordinairement d'une profondeur de vues remarquable, cette fois n'a pas eu le même coup d'œil génial.

III

AFFAIRE DU BOURG

PROCÈS-VERBAL

Publié le 2 novembre 1892 dans « le Matin »

« MON CHER PRINCE,

« Vous nous avez chargés de demander pour vous à M. Joseph du Bourg une réparation par les armes d'une double injure. Nous avons écrit à M. du Bourg, à Toulouse, pour le prier de constituer des témoins à Paris avant le 25 octobre dernier. Le 20, nous avons reçu d'Algérie une dépêche télégraphique ainsi conçue :

« De Paris en Algérie votre lettre arrive à l'instant. Ne

puis y répondre comme ma courtoisie pour vous l'eût désiré. « Du Bourg. »

« Nous avons attendu jusqu'à aujourd'hui la lettre qui nous paraissait devoir suivre et apporter une réponse plus catégorique.

« Comme elle n'est pas venue, nous avons l'honneur de vous donner acte de la carence absolue de M. Joseph du Bourg.

« Agréez, mon cher Prince, les assurances de nos sentiments affectueux et dévoués.

« Prince PIGNATOLLI D'ARAGON,
« Vicomte Adrien MAGGIOLO. »

Le prince de Valori a répondu :

« MES CHERS AMIS,

« Je vous remercie de tout cœur. Le silence de M. Joseph du Bourg n'a pas besoin de commentaires. Il résulte de la lettre qu'il m'a adressée le 4 août dernier, qu'il avoue n'avoir pas rempli fidèlement une mission qu'on lui avait confiée auprès de moi. Il résulte de la même lettre que pour excuser sa conduite, il a accusé mes amis politiques de lui avoir conseillé d'agir comme il l'a fait. Il n'a consulté aucun de mes amis. Leurs dénégations écrites en sont la preuve. Les noms de MM. de Cibeins, de Maillé, Laurentie, Junquières, de Caze, de Bellevue, etc., qui figurent dans les témoignages dont je parle sont assez significatifs.

« Veuillez agréer, mes chers Amis, l'expression de mes dévoués sentiments.

« Prince DE VALORI. »

IV

LETTRE DU SOUVERAIN PONTIFE

Pies. P. P. IX

« Cher fils et Prince, Salut et Bénédiction apostolique.

« Nous qui vous avons vu constamment affirmer dans vos récits la sainteté de nos droits et de notre foi sacrée, et qui vous y avons toujours trouvé très attaché à ce siège apostolique, Nous venons de recevoir une nouvelle preuve de votre zèle religieux dans l'opuscule que vous avez écrit sous ce titre : *Infaillibilité du Pape, Rome, le Christ et le Concile*. En effet, vous y avez exposé et mis en lumière, avec votre énergie et votre éloquence naturelle, la puissance morale, la gloire principale de cette ville sainte, l'éloignement de Dieu commun à toutes les nations, la vraie cause des calamités présentes, les moyens de les faire disparaître placés dans le Concile œcuménique, la nécessité pour le Chef visible de l'Église d'un gouvernement infaillible. Et vous l'avez fait de telle sorte qu'on ne peut lire cet ouvrage *sans se sentir ému* et se rendre à vos arguments. Nous vous en félicitons donc et Nous recevons avec gratitude votre hommage. Nous voulons que vous en ayez pour garant la Bénédiction Apostolique, source de toute faveur céleste que nous vous donnons du fond du cœur en gage de notre bienveillance toute particulière.

« Donné à Rome, près de Saint-Pierre, le 4 août 1870, de Notre Pontificat la vingt-cinquième année. »

« Pie. P. P. IX. »

V

CIRCULAIRE DIPLOMATIQUE
DU CARDINAL ANTONELLI

Rome, 10 février 1860.

Au Nonce apostolique de Paris

« Très Illustre et Révérendissime Seigneur,

« J'ai lu avec avidité dans *le Correspondant de Paris*, comme j'ai lu en particulier les brochures et les travaux par lesquels MM. de Broglie, Cochin, de Falloux, Villemain, de Montalembert, de Valori, Nettement, Poujoulat et autres, ont combattu pour la défense de la bonne cause sans parler des respectables évêques bien connus de votre Illustre et Révérendissime Seigneurie. Ces travaux, qui sont véritablement dignes de catholiques, ont été applaudis par tout l'univers, soit par la force des arguments, soit pour la noblesse et l'éloquence du style, en sorte qu'ils ont convaincu tous ceux qui n'ont pas voulu renoncer au bon sens. Je me félicite de tout cœur, avec de si vaillants écrivains, de ce que, méprisant toute considération humaine, ils ont su faire triompher la vérité et combattre de toutes parts et de tant de manières.

Je prie donc le Seigneur qu'il leur accorde la force nécessaire pour continuer courageusement leur entreprise, et, à cet effet, le Saint-Père leur accorde à tous la bénédiction apostolique.

« Votre Seigneurie voudra bien être l'interprète de ces sentiments auprès de ces illustres écrivains, afin que chacun d'eux connaisse combien on apprécie leur courage et l'esprit qui les anime.

« G.-C. ANTONELLI. »

VI

LETTRE DU GÉNÉRAL BARON D'AZÉMAR

La Voulte, 12 avril 1871.

« MON CHER AIDE DE CAMP,

« Le licenciement de mon corps étant complètement achevé, vous rentrez dans les positions que vous aviez avant la guerre. Mais je ne veux pas que notre séparation s'accomplisse sans vous remercier du dévouement que vous m'avez témoigné et sans vous exprimer toute ma sympathie. Non seulement vous avez montré, en maintes circonstances, le courage militaire, mais aussi le courage civil. Je n'ai pas oublié surtout que, devant l'inspecteur des Mobilisés, vous avez fait preuve de la plus rare énergie.

« Recevez l'assurance de ma sincère affection.

« Général baron d'AZÉMAR. »

VII

LETTRE DU GÉNÉRAL DE CATHELINEAU

Rome, 19 septembre 1861.

« Cher Prince,

« Votre lettre a été mise sous les yeux de Sa Majesté qui me charge d'y répondre.

« Le roi avant tout vous remercie de votre dévouement et de vos projets qu'un événement prochain rendra plus faciles à exécuter, je pense.

« Le roi vous offre le brevet de colonel, à vous, cher Prince, dont la main n'a déposé l'épée que pour saisir cette plume qui a défendu si chaleureusement l'autel et le trône.

« Je profite de cette occasion pour vous dire combien je serais heureux de vous serrer la main.

« Henri de Cathelineau. »

VIII

LETTRE DU COMTE DE CHRISTEN

Ronno, 12 octobre 1872.

« Mon cher Ami,

« Vous me proposez de partager avec vous le commandement d'un corps de volontaires; j'accepte avec joie, car nous nous sommes toujours entendus sous tous les rapports. A bientôt, ou la gloire ou la tombe.

« Christen. »

TOURS. — IMPRIMERIE DESLIS FRÈRES

186

www.ingramcontent.com/pod-product-compliance
Lightning Source LLC
LaVergne TN
LVHW020040090426
835510LV00039B/1316